Ralf Hillmann

Online-Dating

Der kleine psychologische Ratgeber für die Suche nach der großen Liebe.

Wie Sie via Internet-Dating
zu einer seriösen Partnerschaft finden.

BOOKS on DEMAND

Bibliografische Information der Deutschen Nationalbibliothek:
Die Deutsche Nationalbibliothek verzeichnet diese Publikation in der Deutschen Nationalbibliografie; detaillierte bibliografische Daten sind im Internet über http://dnb.dnb.de abrufbar.

Hinweis zur Haftung:
Die im Buch veröffentlichten Gedanken und Empfehlungen basieren auf den Erfahrungen des Autors und wurden intensiv erarbeitet und geprüft. Weder Autor noch Verlag können für in diesem Buch gemachte Angaben Gewähr übernehmen. Es bleibt in Ihrer alleinigen Verantwortung als Leser, als Leserin jede der gemachten Angaben Ihrer eigenen Prüfung zu unterziehen. Auf die geltenden gesetzlichen Bestimmungen wird ausdrücklich hingewiesen.

Copyright © 2017
Herstellung und Verlag: BoD – Books on Demand, Norderstedt
Autor: Ralf Hillmann
www.spirituell-auf-deine-weise.de
Marienstraße 16 - 63322 Rödermark
ISBN: 9783744837682

Covergestaltung: Ralf Hillmann
Covermotiv: Tobias Schnotale

Dieser Titel ist auch als eBook erhältlich!

INHALT:

KURZINFO ZUM BUCH:

Gemeinsam mit Klienten aus seiner Psychologischen Beratungspraxis, die via Online-Dating nach einer seriösen Beziehung suchten, sammelte Ralf Hillmann im Laufe der letzten Jahre wertvolle Erfahrungen, die er in diesem Büchlein zusammenfasst und all jenen zur Verfügung stellt, die über eine Online-Partnervermittlung die große Liebe finden möchten. Der Autor empfiehlt für die Suche nach einer seriösen Partnerschaft dringend eine andere Herangehensweise, als für die Suche nach lockeren Bekanntschaften oder unverbindlichen Sexabenteuern. Die Informationen und personenbezogenen Daten im Online-Benutzer-Profil, der Ablauf bei der Kontaktaufnahme, der erste Informations- und Gedankenaustausch im Internet sowie das erste persönliche reale Treffen unterscheiden sich beim seriösen Online-Dating grundlegend von allen übrigen Dating-Varianten. Wer diese Unterschiede nicht berücksichtigt, läuft Gefahr, schnell enttäuscht, frustriert, entmutig oder verletzt zu werden. Ralf Hillmann verrät, was bei der seriösen Partnersuche, seiner Erfahrung nach, unbedingt zu beachten ist!

ÜBER DIESES BUCH:

Liebe Leserinnen und Leser, dieses Büchlein habe ich für all jene geschrieben, die sich per Online-Dating auf die Suche nach der großen Liebe begeben möchten. Ganz gezielt soll es in diesem Ratgeber nur darum gehen, wie es möglich wird, eine passende Partnerin/einen passenden Partner für eine ernsthafte, dauerhafte Beziehung zu finden.

Auch wenn Online-Dating sehr gerne dazu genutzt wird, nach unverbindlichen Sexabenteuern Ausschau zu halten, wird es im Folgenden um solche Interessen nicht gehen. Für diese Art von Kontakten wäre eine ganz andere Herangehensweise zu empfehlen, als für die Suche nach einer verantwortungsvollen, partnerschaftlichen Liebesbeziehung.

Um via Online-Dating möglichst mit anderen Menschen in Kontakt kommen zu können, die nicht auf der Suche nach dem schnellen Sex sind, sondern sich eine seriöse Beziehung wünschen, ist es meiner Erfahrung nach wichtig, mit der entsprechenden inneren Haltung und passenden Herangehensweise zu agieren. Aufgrund meiner Tätigkeit als Psychologischer Berater, erlebe ich es immer wieder, dass Menschen, die unvorbereitet versuchen, über ein Online-Dating-Portal die große Liebe zu finden, bereits relativ schnell frustriert, entmutigt, enttäuscht oder verletzt die Flinte wieder ins Korn werfen. Mit der richtigen Einstellung und passenden Herangehensweise können belastende Erfahrungen jedoch von vornherein vermieden werden. Ich möchte Ihnen daher nachfolgend davon berichten, mit welcher Methode es meinen Klienten, die teilweise Jahre lang erfolglos nach einer Beziehung suchten, schließlich doch noch via Online-Dating gelang, der ersehnten Liebe zu begegnen. Die Aufzeichnungen werden Ihnen eine nützliche Anleitung sein, wie auch Sie Ihre Online-Partnersuche erfolgreich gestalten und der Liebe Ihres Lebens begegnen können. Besonderes Augenmerk lege ich in diesem kleinen psychologischen Ratgeber darauf, dass Sie sich bei all Ihren Dating-Aktivitäten nicht an Psyche und Seele verletzen. Online-Dating geht wirklich auch ohne Frust, Enttäuschung und Seelenleid. Dazu sollten Sie sich unbedingt über den Unterschied zwischen virtueller Realität und natürlicher Realität bewusst sein und mit der richtigen Einstellung an die Sache herangehen – und zwar bevor Sie im Internet aktiv werden. Alles, was ich in dieser Hinsicht für wichtig erachte, erzähle ich Ihnen in diesem Buch.

Alles Gute für Sie! – Ihr Ralf Hillmann

EINFÜHRUNG:

Beratungserfahrungen (1):

Als ich vor einigen Jahren damit anfing, meine Dienste als Coach und Psychologischer Berater anzubieten, hätte ich nie gedacht, wie viele Menschen sich schon bald darauf bei mir melden würden, um mit mir über ihre Probleme des Alleinseins und der Partnersuche zu sprechen. Ich war darüber regelrecht erstaunt, denn ich hatte diese Problematik in meinem Beratungsangebot mit keinem Wort erwähnt. Nirgendwo auf meiner Homepage stand, man könne sich diesbezüglich an mich wenden. Umso mehr wunderte es mich, dass man mich immer wieder und immer öfter genau deswegen konsultierte. Irgendetwas musste ich wohl ausstrahlen, was die Menschen dazu inspirierte, mich speziell in solchen Fragen für kompetent und vertrauenswürdig zu halten. So kam es, dass ich mich immer öfter und immer intensiver mit den Fragen beschäftigte, wie ich anderen dabei behilflich sein konnte, eine passende Partnerin/einen passenden Partner zu finden oder auf andere Weise das Alleinsein zu besiegen. Natürlich gibt es unterschiedliche Varianten, sich auf die Suche nach anderen Menschen oder gar der großen Liebe zu begeben. Online-Dating ist wahrlich nur eine davon. Jedoch passt die Online-Partnervermittlung aufgrund vielerlei Gegebenheiten des modernen Lebens zu sehr vielen Personen, die sich nach einer Partnerschaft sehnen, aber im Alltag kaum Gelegenheiten finden, jemanden kennenzulernen. Das ist auch der Grund, warum es in diesem Buch genau um nur diese Möglichkeit der Partnersuche gehen soll. Ich möchte Sie mit meinen Aufzeichnungen an den Erfahrungen aus meiner Psychologischen Beratungspraxis teilhaben lassen, Ihnen von Vor- und Nachteilen des Online-Datings erzählen und dabei zeigen, wie es Ihnen möglich wird, per Online-Dating-Portal erfolgreich auf die Suche nach der großen Liebe zu gehen. Dabei wird es nicht wie allgemein üblich darum gehen, wie Sie sich möglichst vorteilhaft präsentieren, wie Sie am besten flirten oder wie es Ihnen gelingt, möglichst viele Suchende für sich zu interessieren.

Vielmehr geht es um die Fragen, wer Sie sind!? Was Sie wollen!? Wen Sie suchen!? Und wie Sie all dies möglichst treffend, klar, offen, ehrlich und authentisch kommunizieren. Online-Dating ist kein Wettbewerb. Es sollte meiner Erfahrung nach wirklich nicht darum gehen, wer die meisten Partnervorschläge bekommt, die zahlreichsten Profilaufrufe hat, wer am attraktivsten rüberkommt, wer am besten flirten kann, wer am geschicktesten auf Bewerber reagiert, wer die interessantesten Hobbies hat, wer am schlagfertigsten auf Anfragen antwortet, wer am besten weiß, worauf Männer oder Frauen am ehesten abfahren etc. Meine Erfahrung ist tatsächlich: Je mehr Sie versuchen, sich in irgendeiner Weise besser bzw. anders darzustellen, als Sie tatsächlich sind – also beispielsweise bei der Angabe Ihres Alters schummeln, aufgehübschte Fotos von sich zeigen, so tun, als seien Sie besonders witzig, interessant, begabt, begehrt oder wenn Sie in irgendeiner anderen Form Angaben machen, die nicht authentisch sind – umso mehr sinken Ihre Chancen, jemanden kennenlernen zu können, der genau den Menschen sucht, der Sie sind. Es mag zwar sein, dass Sie wesentlich mehr Kontakte generieren, wenn Sie mit den üblicherweise empfohlenen Schummeleien und Hervorhebungen experimentieren, jedoch setzen Sie sich damit selbst unnötig unter Druck und bescheren sich automatisch und ganz unvermeidbar jede Menge Frust und Enttäuschung. Der Schwindel fliegt schließlich irgendwann auf. Nicht selten geben sehr viele Dating-Portal-User die Partnersuche schon recht bald enttäuscht wieder auf. Dass sie sich die Enttäuschung aufgrund einer nicht zielführenden Herangehensweise größtenteils selbst eingebrockt haben, ist vielen vermutlich nicht bewusst. Sogar auf den jeweiligen Online-Portalen selbst, werden immer wieder Herangehensweisen empfohlen, die sich meiner Erfahrung nach als nicht wirklich tauglich erweisen. Es sei denn, man ist auf der Suche nach Bekanntschaften der unverbindlicheren Art.

Warum Authentizität wichtig ist:
Genauso, wie Sie selbst, sind Millionen andere Menschen auf der Suche nach einem Menschen, der ihren Vorstellungen entspricht bzw. zu ihnen passt. Den großen Vorteil der Online-Partnersuche sehe ich darin, dass es auf diese Weise möglich wird, mit relativ wenig Zeitaufwand, aus einer großen Vielzahl von potenziell

infrage kommenden Personen, eine Vorauswahl treffen zu können. Diese Vorauswahl ist jedoch für die Katz, wenn die Angaben, nach denen man die Vorauswahl trifft, nicht stimmen. Allerspätestens beim ersten persönlichen Treffen muss man dann erklären, warum man geschummelt hat. Das ist weder ein guter Ausgangspunkt für eine ehrliche, aufrichtige und vertrauenswürdige Beziehung, noch hat man auf diese Weise ein Kennenlernen eingefädelt, das auch außerhalb der virtuellen Realität zustande gekommen wäre. Es ist dann kein Wunder, wenn viele Dating-User beim ersten persönlichen Treffen nicht der Person begegnen, der sie begegnen wollten, bzw. die sie sich vorgestellt hatten. Alle Anstrengungen und die ganze in die Partnersuche investierte Zeit waren reine Zeitverschwendung. Zeitverschwendung stellt dabei jedoch noch das kleinste Problem dar. Vielmehr beschert man sich auf diese Weise Frust, Enttäuschung und allerlei selbstzweiflerische Seelenqualen, für die dann sogar oft noch der andere verantwortlich gemacht wird. In der Regel werden völlig falsche Schlüsse aus solchen Erlebnissen gezogen. Viele Suchende schließen daraus, sie seien nicht attraktiv genug, nicht interessant genug oder einfach nicht liebenswert. Genauso viele kommen zu der Erkenntnis, alle, die man über Online-Dating kennenlernen kann, seien Blender, Nieten, Gestörte oder Restposten. Dies sind jedoch Trugschlüsse. Der Verstand hat dabei einfach einige Fakten durcheinandergebracht. Mit einer angemessenen, vernünftigen, bewussten Herangehensweise, wird man in der Lage sein, weniger erfreuliche Begegnungen einfach so hinzunehmen. Zu dieser Herangehensweise gehört auch, dass natürlich nicht nur Sie selbst offen und ehrlich kommunizieren sollten, wer Sie sind und was Sie wollen, sondern Sie andere dazu bringen, dies ebenso zu tun. (Siehe dazu auch Seiten 34, 37, 62 und 63)

Was sich jeder wünscht:

All jene, die sich nach einer festen Bindung sehnen, suchen im Grunde das gleiche, nämlich einen Menschen, der sie liebt und den sie lieben können. Auch wenn es viele Wege gibt, Liebe zu leben, so ist uns allen zumindest eines im Kern doch ganz wichtig: Wir möchten jemanden an unserer Seite haben, der uns so schätzen und nehmen kann, wie wir sind. Ja, jemanden, der uns gerade weil wir so sind, wie wir sind, schätzt und liebt. Und in unserer Vorstellung möchten wir für einen anderen ganz genauso solch ein Mensch sein. Wir brauchen niemanden an unserer Seite, der uns kritisiert, uns erzählt, das wir so, wie wir sind, nicht in Ordnung sind und uns das Gefühl gibt, uns ändern zu müssen. Wir wünschen uns niemanden, der uns das Leben schwer macht, sondern jemanden, der unser Leben bereichert, es leichter und schöner macht. Jemanden, bei dem wir der Mensch sein dürfen, der wir sind. Jemanden, mit dem wir Freud und Leid teilen können. Nicht nur wir selbst wünschen uns das, sondern genauso auch jeder andere. Da wir jedoch alle die unterschiedlichsten gesellschaftlich-sozialen Lernerfahrungen in unserem Leben gemacht haben, die unser Denken, Handeln und Fühlen prägten, haben wir auch alle unsere eigenen Erwartungen, Bedingungen, Werte, Bedürfnisse, Interessen, Wünsche, Ziele, Fähigkeiten und Unfähigkeiten. Wir alle haben in unterschiedlichem Maße gelernt, zu denken, zu fühlen, zu handeln, zu vertrauen, zu glauben, zu interpretieren, zu verstehen, zu lieben, achtsam zu sein, respektvoll zu sein, positiv zu sein, freundlich zu sein, offen zu sein, selbstbewusst zu sein, fair zu sein, selbstbestimmt zu sein, mitfühlend zu sein, warmherzig zu sein u.v.m. All unsere Lernerfahrungen –

ganz gleich ob positive oder negative – beeinflussen also maßgeblich unser aller Denken, Fühlen und Handeln. Wir alle können daher nur so sein, wie es uns aufgrund unserer gesellschaftlich-sozialen Prägung und unseres geistigen Vermögens möglich ist. Warum erzähle ich Ihnen das? Wenn wir in einer festen Beziehung dauerhaft Glück erleben möchten, ist es von Vorteil, wenn wir über ein gewisses Maß an sozialer Kompetenz verfügen. Wir sollten uns darüber bewusst sein und verstanden haben, dass jeder Mensch nur so sein kann, wie es ihm möglich ist und dass andere nicht auf dieser Welt sind, um unsere eigenen Erwartungen zu erfüllen. Wenn jemand nicht zu uns passt, bedeutet das nicht, dass dieser ein schlechter Mensch ist. Es bedeutet nur, dass er andere Vorstellungen vom Leben hat, als wir selbst. Weder muss der andere dafür kritisiert oder schuldig gesprochen werden, noch ist es sinnvoll sich selbst in Frage zu stellen. Zwei Menschen, die ihren Weg gemeinsam gehen wollen, sollten also dazu in der Lage sein, sich gegenseitig so schätzen, lieben und respektieren zu können, wie sie nun einmal sind. Sie sollten also entweder:

A: dazu in der Lage sein, den jeweils anderen in seiner Individualität und Unterschiedlichkeit anzuerkennen,

oder B: beide müssen möglichst ähnliche Vorstellungen vom Leben und Zusammenleben haben.

Um herausfinden zu können, ob die Basis für eine gute Beziehung gegeben ist und ob man zueinander passt, ist es ratsam, alle wesentlichen Dinge offen und ehrlich miteinander zu besprechen – ganz gleich, ob man sich nun eher Typ A oder Typ B zugehörig fühlt.

Besonders die moderne Art des Kennenlernens, nämlich die, des Online-Datings, bietet für das Klären solcher grundlegenden Fragen ideale Bedingungen. Denn bevor man sich auf emotionaler Ebene einander annähert, hat man die Möglichkeit, sich zunächst einmal relativ nüchtern und sachlich darüber auszutauschen, wer man ist, wie man denkt und fühlt. Natürlich ist dies nicht bis ins kleinste Detail möglich. Manches kann man auch erst miteinander herausfinden, wenn man sich persönlich schon etwas besser kennengelernt und intensiver ausgetauscht hat. Aber über die allergrundlegendsten Fragen, die einem am allerwichtigsten sind, ist es sinnvoll, bereits online miteinander zu reden.

Wenn Ihnen das Vorgehen zu sachlich und zu wenig romantisch erscheint, bitte ich Sie es einmal wie folgt zu sehen: Menschen lernen sich auf herkömmliche Weise kennen und lieben, derweil sie am ganz normalen Leben teilnehmen. Vielleicht begegnen sie sich im Job, beim Tanzen, im Kino, im Schwimmbad, im Urlaub, im Fitnesscenter, im Kaninchenzüchterverein oder im Supermarkt an der Kasse. Bei all diesen Begebenheiten treffen zwei Menschen zufällig aufeinander. Von der ersten Begegnung bis zum Verlieben und der gemeinsamen Beziehung an, werden sie von wunderbaren Emotionen begleitet. Liebe, Romantik, Zärtlichkeit, Erotik, Nähe, Vertrauen, Glück, all diese herrlichen Gefühle begleiten das Kennenlernen. Natürlich ist dies die schönste Art sich näherzukommen und zu verlieben. Es ist der natürliche, ganz normale Weg, einander zu begegnen. Was bei dieser natürlichen Art des Kennenlernens jedoch oft zu kurz kommt, ist, dass man in der Phase des Verliebens, über viele Uneinigkeiten hinwegsieht. Die rosarote Brille macht es möglich, Charakterzüge, Vorstellungen und Verhaltensweisen des anderen zu tolerieren, die man unter normalen Bedingungen eher ablehnen würde. Erst wenn der Zauber der ersten Verliebtheit verflogen ist, sieht man wieder alles im gewohnten Licht. Und genau hier sehe ich im Online-Dating eine Chance, ja sogar einen Vorteil. Allerdings nur, wenn man einige wichtige Punkte dabei beachtet. Bevor ich auf diese eingehe, möchte ich mich an dieser Stelle noch einmal wiederholen und daran erinnern: Sich auf natürlichem Wege kennenzulernen, ist die schönste und romantischste Art des Verliebens. Und genau diese Erkenntnis spricht im Grunde für das Online-Dating! Vielleicht fragen Sie sich jetzt, warum ich Ihnen hier einerseits erkläre, die schönste Art sich zu verlieben, sei die natürliche Begegnung und wieso ich andererseits behaupte, dass genau das der Grund ist, weshalb ich Ihnen empfehle, Online-Dating zu betreiben. Ich verrate es Ihnen im nachfolgenden Abschnitt:

Was Online-Dating ist bzw. nicht ist:

Wer Online-Dating nicht als das versteht, was es ist, wird sich damit vermutlich häufig sehr viel Frust, Enttäuschung und Seelenleid einhandeln. Wer hingegen begreift, wo darin die Chancen, Vorteile, Nachteile und Risiken liegen, hat gute Karten, das zu finden, wonach er sucht. Online-Dating ist meiner Erfahrung nach kein Ersatz für die schönste Art des Kennenlernens. Online-Dating halte ich viel mehr für eine effektive und zielführende Vorbereitungsphase auf ein schönes, natürliches Kennenlernen. Und damit komme ich nun auf den entscheidenden Punkt: Die Möglichkeit Ihrer Liebe auf ganz natürlichem Wege zu begegnen, entgeht Ihnen durch Online-Dating <u>nicht</u>. Mit der richtigen Einstellung und Herangehensweise verhindert Online-Dating in keiner Weise natürliche Begegnungen, sondern im Gegenteil, es führt diese vermehrt herbei. Für Menschen, die aus welchen Gründen auch immer, nur selten in Situationen geraten, bei denen sie einem anderen auf althergebrachte, alltägliche, zufällige Weise begegnen könnten, oder für jene, die nicht sehr geübt im Flirten sind, kann modernes Online-Dating eine ganz wunderbare Möglichkeit darstellen, um mit Menschen in Kontakt zu kommen, denen sie ansonsten niemals begegnen würden. Das eigentliche, natürliche Kennenlernen erfolgt <u>erst</u>

nachdem man über das Online-Dating-Portal Kontakt miteinander hergestellt hat.

In der Praxis sieht die Herangehensweise häufig anders aus. Aus meiner Sicht wird Online-Dating zumeist leider nicht nur zur Kontaktaufnahme und zur Vorbereitung eines natürlichen Kennenlernens genutzt, vielmehr erliegen die User dem Irrtum, die virtuelle Realität biete bereits ausreichende Möglichkeiten, sich kennenzulernen und sich emotional einander annähern zu können. Und tatsächlich erleben es viele Dating-Portal-User auch immer wieder so. Sie haben den Eindruck, sich online kennenzulernen und einander emotional näherzukommen. Ja, sogar viel näher, als sie es sich je vorstellen konnten. Nicht selten verlieben sie sich sogar online bis über beide Ohren in einander. Jedoch basieren diese Eindrücke und Emotionen immer nur auf einem unzureichenden Bild des jeweils anderen. Es ist eine Skizze, die sich aus den wenigen Informationen zusammensetzt, die man vom anderen online erhalten hat. Zudem vervollständigt sich das Bild aus eigenen Projektionen, Übertragungen und Wunschgedanken. Bitte bedenken Sie: in einigen Fällen kommt es zwar immer wieder einmal vor, dass sich Personen, die sich online verliebt haben, auch im tatsächlichen Leben dann noch in einander verlieben, trotzdem basierten die Eindrücke und Emotionen bis zum Zeitpunkt des persönlichen Kennenlernens auf unzureichenden, zum Teil nicht realitätstauglichen Informationen. Wenn sich die Gefühle dann doch in der Realität als tauglich erweisen, ist dies viel mehr vom Zufall abhängig, als von Menschenkenntnis oder Bauchgefühl. Ganz egal, ob es gleich um die ganz großen Gefühle, wie etwa Verliebtheit geht, oder ob es sich um andere Emotionen der Zuneigung und Nähe handelt, wenn diese sich aufgrund virtueller Kommunikation einstellen, ist die Gefahr groß, bei der ersten persönlichen Begegnung schmerzlich enttäuscht zu werden. In der Regel bestätigen sich die in der virtuellen Welt gewonnen Eindrücke und Emotionen nämlich in der Realität nicht. Aus diesem Grund rate ich dringend dazu, im Online-Dating nicht mehr zu sehen, als die Möglichkeit, Kontakte für ein späteres natürliches Kennenlernen zu knüpfen. Mit der richtigen Herangehensweise ersparen Sie sich unnötige, kräftezehrende, enttäuschende Erfahrungen.

Beratungserfahrungen (2):

Aufgrund meiner Tätigkeit als Psychologischer Berater lerne ich immer wieder Menschen kennen, die mir von ihren Erfahrungen mit Online-Dating berichten. Bevor sich Menschen ratsuchend mit ihren Sorgen und Problemen an einen Coach oder Psychologischen Berater wenden, haben sie in der Regel schon zahlreiche Versuche unternommen, sich selbst zu helfen. Oft waren meine Klienten also bereits bei mehreren Online-Dating-Portalen angemeldet und hatten die unterschiedlichsten Erfahrungen gesammelt, bevor sie sich bei mir meldeten. Von recht netten bis absolut haarsträubenden Geschichten habe ich mittlerweile fast alles, was denkbar ist, gehört. Vieles davon habe ich zuvor noch nicht einmal für denkbar gehalten. Die Enttäuschung und Verzweiflung mit der sich Klienten bei mir melden, ist häufig groß. Wenn diese sich dann mit mir gemeinsam in Ruhe anschauten, wie ihre Online-Partnersuche verlief, erkannten sie zumeist, dass sie sich die Enttäuschungen größtenteils selbst eingebrockt bzw. die Misserfolge zumindest mitverursacht hatten. Die hilfreichsten Erkenntnisse aus zahlreichen Beratungsgesprächen und Coaching-Prozessen, möchte ich Ihnen nachfolgend vorstellen!

HÄUFIGE FEHLER BEI DER SERIÖSEN ONLINE-PARTNERSUCHE:

Unzutreffende oder unzureichende Angaben zur Person wie beispielsweise:

Fehlerhafte Angaben zum Alter:

Viele Online-Dating-User, die bei der Altersangabe schummeln, haben dabei das Gefühl, dies sei in Ordnung. Sie gehen davon aus, die geschönte Altersangabe bringe besser zum Ausdruck, als die wahre Jahreszahl, wie alt sie sich tatsächlich fühlen bzw. wie jung sie noch aussehen. Sie glauben dadurch die Chancen erhöhen zu können, den passenden Partner/die passende Partnerin zu finden. Im Einzelfall mag das sogar gelingen. Viel öfter erhöhen sich dabei jedoch allenfalls die Chancen, Interessenten zu finden. Interessenten, die in Wahrheit gar keine potenziellen Partner/Partnerinnen darstellen. Interessenten, die nicht zu ihnen passen. Auf diese Weise handeln sie sich zwangsläufig immer wieder schmerzhafte Abfuhren ein. Durch die fehlerhafte Angabe können also vielleicht sogar wirklich mehr Kontakte generiert werden, das eigentliche Ziel, einen Partner oder eine Partnerin zu finden, gerät dabei jedoch in den Hintergrund. Viel ehrlicher und nützlicher wäre es, das tatsächliche Alter anzugeben, und dazuzuschreiben, wie alt man sich fühlt bzw. wie jung man aussieht.

Fehlerhafte Angaben zum Familienstand:

Viele scheinen sich damit schwer zu tun, ihren Familienstand offen und ehrlich bekannt zu geben. Beispielsweise wird oft lieber „ledig" angegeben, obwohl man eigentlich „geschieden" ist. Gerade, wenn die Scheidung schon viele Jahre zurückliegt, glaubt man, mit der Bezeichnung „ledig" besser beschreiben zu können, wer man ist und wie man sich fühlt. Es soll nicht so aussehen, als wäre man noch in eine alte Liebe oder eine nicht wirklich abgeschlossene Ehe verstrickt. Auch hier halte ich das, was ich zum Thema „Fehlerhafte Angaben zum Alter" bereits geschildert habe, für zutreffend: Man gewinnt vielleicht einige Interessenten mehr, aber keinen, der am Ende wirklich passt. Viel ehrlicher wäre es, den tatsächlichen Familienstand anzugeben und zusätzlich genauer zu schildern, wie die Umstände ansonsten sind.

Fehlerhafte Angaben aller Art:
Genauso wie fehlerhafte Informationen zu Alter, Aussehen und Familienstand, sind auch alle anderen Angaben, die nicht der Wahrheit entsprechen, z.B. kleine Schummeleien zu Körpergröße und Gewicht, der ganzen Sache nicht dienlich. Frust und Enttäuschung werden auf diese Weise vorprogrammiert. Vielleicht meldet sich durch die aufpolierten Angaben gerade der Mensch, der sich für Sie interessieren würde, nicht bei Ihnen. Bestimmt gibt es jemanden, der genau den Menschen sucht, der Sie sind. Schade, wenn Ihr Online-Profil dann nicht erkennen lässt, wer Sie wirklich sind.

Unzureichende Angaben zu Interessen:
Häufig werden Angaben zu Hobbies und Interessen sehr allgemein gehalten. Man sei vielseitig interessiert, für alles offen oder Ähnliches. Auch hier wird versucht, möglichst viele Interessenten auf sich aufmerksam zu machen. Vermutlich gelingt das sogar. Aber genau wie bei den beiden vorangegangenen Punkten ist die Gefahr groß, dass unter den Interessenten nur wenige sind, die potenziell tatsächlich passen könnten. Vielseitig interessiert ist fast jeder. Das sagt im Grunde überhaupt nichts aus. Viel

wichtiger wäre es für potenziell Interessierte, zu erfahren, welche Interessen diese Umschreibung beinhaltet. Zumindest die wichtigsten Hauptinteressen zu erwähnen, wäre der Sache sicher sehr dienlich. Wenn man dennoch gerne zum Ausdruck bringen möchte, dass man für vieles offen ist und auch Interesse daran hat, mit einem zukünftigen Partner Neues kennenzulernen, halte ich es für sinnvoll, dies ergänzend zu erwähnen.

Unzureichende Angaben zum gesuchten Menschen:

Auch wenn es darum geht, zu beschreiben, welchen Typ Mensch man sich wünscht, wird oft versucht, das Interesse von möglichst vielen Usern zu wecken. Beispielsweise geben viele, die eine feste Partnerschaft suchen, dies in ihrem Profil nicht an. Oft wurde mir diesbezüglich erzählt, man wolle ja nicht gleich mit der Tür ins Haus fallen. Ob aus einer Bekanntschaft mehr würde oder nicht, könne man ja schließlich nie vorhersagen. Deshalb habe man unter der Rubrik „ICH SUCHE" nicht „FESTE BEZIEHUNG" angegeben, sondern „FÜR ALLES OFFEN" oder „SCHAUEN WIR MAL" oder so etwas in der Art. Auch glaubt man, wenn man sich nicht festlegt, viel mehr Leute zu erreichen.

Meine dringende Empfehlung: wenn Sie sich eine feste Beziehung wünschen, stehen Sie bitte auch dazu und machen Sie in Ihrem Online-Profil auch entsprechende Angaben. Geben Sie möglichst aussagekräftig an, für welchen Typ Mensch Sie sich interessieren könnten. Auch wenn Sie sich diesbezüglich nicht festlegen möchten, gibt es sicher Merkmale, die Sie bevorzugt aufführen können und andere, die für Sie einfach gar nicht gehen. Wenn Sie sich nicht ganz und gar festlegen möchten, können Sie dies zusätzlich klarstellen. Dass Sie eine feste Beziehung nicht erzwingen können und Sie nicht jeden, der sich bei Ihnen meldet, gleich heiraten wollen, versteht sich von selbst. Für den Fall, dass Sie sich bei einem persönlichen Treffen nicht in den Interessenten verlieben, aber vielleicht merken, dass durchaus eine nette Freundschaft daraus werden könnte, können Sie immer noch kommunizieren, dass Sie für alles andere offen sind. Oft gestalten sich solche Kontakte jedoch schwierig. Das kann nur gutgehen, wenn auf beiden Seiten kein intimeres Interesse am anderen besteht.

Ansonsten halte ich es für Menschen, die einfach nur Kontakte oder Freunde suchen, für sinnvoll, dies unabhängig von der Partnersuche zu tun. Dafür gibt es übrigens viel geeignetere Online-Portale, als die üblichen Partnervermittlungen. Etwa Plattformen, über die Sie einen Tanzpartner, eine Jogginggruppe oder sonstige Kontakte zur Freizeitgestaltung suchen und finden können. Wenn Sie eine feste Beziehung suchen und gleichzeitig auch an neuen Freunden interessiert sind, trennen Sie das bitte. Suchen Sie die Freunde nicht auf dem gleichen Portal, welches Sie für die Partnersuche nutzen. Für die Suche nach einer festen Beziehung bzw. der großen Liebe, brauchen Sie eine andere Herangehensweise und innere Haltung, als für die Suche nach netten Bekannten. Es wird Ihnen im Laufe dieser Lektüre sicher noch klarwerden, warum.

Verwechslung von Virtualität und Realität: Sehr häufig ist Usern von Online-Dating-Portalen nicht bewusst, dass Gedanken und Gefühle, die virtuell ausgelöst und erfahren werden, nicht die Realität abbilden, sondern viel mehr nur eine auf unzureichenden Informationen basierende Interpretation des virtuell Erlebten darstellen. Fast alle Enttäuschungen, die bei einem ersten persönlichen Treffen erlebt werden, sind auf diese Verwechslungen zurückzuführen. Darum rate ich dringend davon ab, in Online-Dating mehr zu sehen, als einen künstlichen, sachlichen Weg, um ein natürliches Kennenlernen herbeizuführen! Die natürliche Realität unterscheidet sich in vielen Bereichen sehr grundlegend von der virtuellen Realität. Im natürlichen, realen, direkten, persönlichen Kontakt nehmen wir einen anderen Menschen viel ungefilterter und echter wahr, als wenn wir ihm virtuell begegnen. Im natürlichen Kontakt erleben wir ihn real. Wir können mit all unseren Sinnen erkunden, was es wahrzunehmen gibt. Wir nehmen wahr, wie seine Stimme, seine Gestik, seine Mimik, sein Geruch, seine Ausstrahlung, seine Persönlichkeit, seine Aura und alles, was ihn ausmacht, auf uns wirken. Wenn die Chemie stimmt, fühlen wir uns mit dem anderen wohl und verbunden, wenn sie nicht stimmt, eher unbehaglich und von ihm getrennt. Beim virtuellen Kontakt ist die natürliche Art der Wahrnehmung nicht vollumfänglich möglich. Je weniger wir während der Kommunikation für den anderen sichtbar, hörbar, riechbar und fühlbar sind, desto weniger kann dieser erkennen, wer wir in vollem Umfang sind. Kommunizieren wir beispielsweise nur über Mail – also nur in schriftlicher Form – wird die natürliche, umfangreiche Art der Wahrnehmung in höchstem Maße gestört. Alles, was wir voneinander mitbekommen, ist das, was wir an Worten tippen, an Informationen bewusst oder unbewusst zwischen die Zeilen legen bzw. weglassen, und das, was der jeweils andere daraus für Schlüsse zieht. Alles, was man tippt, kann man gut durchdacht zum Besten geben. Das, was man verbergen möchte, lässt man einfach weg. Was man betonen will, hebt man hervor. Das Bild, das wir uns aufgrund dessen voneinander machen können, basiert also in jedem Fall immer auf viel weniger Information, als wir im natürlichen, realen, persönlichen Kontakt zur Verfügung haben. Dieser Unterschied ist jedoch für unseren Verstand nicht wirklich erkennbar. Auch unser Fühlen erkennt den Unterschied nicht. Das Bild, das wir uns auf diese Weise vom anderen machen, wird von uns also als real gewertet. Es ist für uns wahr. Dass es jedoch nur eine unvollständige Skizze ist, die wir uns aufgrund unzureichender Informationen sowie unserer Auffassungsgabe, unserer Interpretationsfähigkeit und unseres Wunschdenkens vom anderen gezeichnet haben, ist uns in der Regel nicht bewusst.

Im Laufe der letzten Jahre haben mir immer wieder Klienten davon berichtet, welche wunderbaren virtuellen Begegnungen sie gehabt hatten. Nicht selten verliebten sie sich dabei bis über beide Ohren. Wohlgemerkt ist hier die Rede von Emotionen, die entstanden, obwohl man sich noch nie persönlich begegnet war. Für jemand, der bisher wenig Erfahrung mit Online-Dating gesammelt hat, mag diese Vorstellung absurd klingen. Die Gefahr, dass solche emotionalen Hochgefühle entwickelt werden, ist jedoch enorm groß und weder vom Bildungsstand noch vom Intellekt abhängig. Jedem, dem nicht klar ist, dass Verstand und Gefühl Realität und Virtualität leicht durcheinanderbringen können, kann so etwas passieren. Ich wiederhole mich an dieser Stelle gerne noch einmal: Auch wenn es tatsächlich schon vorgekommen sein mag, dass virtuell erfahrene Emotionen auch nach dem ersten natürlichen Treffen noch Bestand hatten, so ist dies in den allermeisten Fällen nicht so. Das erste natürliche, persönliche Treffen entzaubert die aus der

Virtualität heraus gezeichnete Skizze und das wahre Bild wird sichtbar.

GRUNDLEGENDE ERKENNTNISSE:

Die geeignete Herangehensweise:

Dating-Agenturen gibt es viele. Von Vermittlungsportalen, mit denen man den passenden Partner/die passende Partnerin fürs Leben finden kann, über Webseiten zum Kennenlernen von Freunden für gemeinsame Freizeitaktivitäten, bis hin zu reinen Abenteuer-, Flirt- und Sexplattformen, gibt es für jeden Anspruch etwas Passendes. Je nachdem, für welche Art von Kontakten man sich interessiert, ist es ratsam, die passende Agentur und eine jeweils passende Herangehensweise anzuwenden. Da es in diesem Buch nur darum gehen soll, wie es möglich wird, einen seriösen Partner/eine seriöse Partnerin für eine ernsthafte, feste Beziehung zu finden, wird hier auch nur eine Herangehensweise vorgestellt, die sich genau dafür bewährt hat. Diese Herangehensweise beinhaltet Folgendes:

So agieren Sie in der virtuellen Realität:

- Seien Sie authentisch, seien Sie echt! Zeigen Sie sich offen und ehrlich!

- Geben Sie aussagekräftig bekannt, was für ein Mensch Sie sind. Wer sind Sie? Wie sind Sie? Für was interessieren Sie sich etc.?

- Geben Sie möglichst genau zu erkennen, was Sie sich wünschen und wonach Sie suchen!

- Halten Sie sich mit einer Person nicht länger als nötig in der virtuellen Welt auf! Nutzen Sie die Online-Suche wirklich nur dazu, herauszufinden, mit welchen Personen es sich lohnen könnte, sich einmal zwanglos persönlich zu treffen. Sehen Sie im Online-Dating nicht mehr, als einen künstlichen, sachlichen Weg, um ein natürliches Kennenlernen herbeizuführen! Der erste Kontakt verläuft in der Regel rein schriftlich. Kommunizieren Sie also per Mail bzw. Textnachricht mit anderen Usern. Teilen Sie sich mit. Tauschen Sie sich aus. Investieren Sie dafür ruhig ein wenig Zeit, jedoch übertreiben Sie es nicht. Bleiben Sie in Ihrer Kommunikation eher etwas nüchtern und sachlich. Seien Sie aber durchaus herzlich, freundlich und dem anderen zugewandt.

- Verzichten Sie solange Sie sich in der virtu-ellen Welt aufhalten, auf Süßholzgeraspel, liebevolle Anreden, wie beispielsweise „meine Liebste/mein Liebster", „meine Schöne/mein Schöner", „mein Schatzi" o-der andere Intimitäten. Das heißt natürlich nicht, dass Sie spröde, unnahbar und unver-bindlich wirken sollen. Selbstverständlich dürfen und sollen Sie sich von Ihrer besten Seite zeigen. Es geht nur darum, sich nicht als jemanden darzustellen, der Sie gar nicht sind und auch darum, zu vermeiden, dem Irrtum zu erliegen, Ihre virtuell erfahrenen Eindrücke seien realitätstauglich. Sie sind es nämlich nur zu einem gewissen Teil. Sie können nie wissen, ob Sie das, was Sie ei-nem anderen online mitgeteilt haben, auch mitgeteilt hätten, wenn Sie ihm im realen Leben begegnet wären. Im umgekehrten Fall natürlich ganz genauso. Für virtuell er-fahrene Emotionen gilt dies im Besonde-ren. Also Vorsicht vor zu viel virtueller Nähe.

- Bewerten Sie Fotos nicht über! Vermutlich kennen Sie das aus dem ganz normalen Leben: Nicht immer verlieben sich zwei Menschen auf den ersten Blick. Oft kommen sie sich erst nach und nach näher. Geben Sie also nicht nur den Dating-Usern eine Chance, in deren Foto Sie sich bereits verlieben könnten. Es reicht völlig aus, wenn jemand einen sympathischen Eindruck auf Sie macht.

- Geben Sie anderen gleich zu Beginn die Chance, sich ebenfalls offen und ehrlich zeigen zu dürfen. Genauso wie alle Menschen sehr unterschiedliche Vorstellungen, Stärken, Schwächen, Werte, Begabungen, Bedingungen, Erwartungen, Ängste etc. haben, so ist es auch selbstverständlich, dass jeder einzelne Online-Dating-User – genau wie Sie selbst – einzigartig ist. Unter deren Interessen, Vorstellungen, Wünschen, Fähigkeiten und Unfähigkeiten gibt es nichts, was es nicht gibt. Es können Welten aufeinander treffen.

Beim Online-Dating begeben Sie sich also unter Menschen, die zum Teil Vorstellungen und Eigenarten entwickelt haben, die Ihren eigenen

Vorstellungen und Eigenarten einerseits ähnlich sein mögen, aber andererseits auch so verschieden sein können, dass Sie sich nicht einmal im Traum hätten vorstellen wollen, dass es Menschen gibt, die so sind, wie sie nun einmal sind. Gerade auf Online-Dating-Portalen tummeln sich sehr viele Menschen – speziell wenn es um die Suche nach einer festen Partnerschaft geht – die damit ziemlich überfordert sind, sich angemessen darzustellen und der ganzen Sache dienlich zu kommunizieren. Die Angst, etwas falsch zu machen, sich nicht in dem geeigneten Licht zu präsentieren, zu viel oder zu wenig von sich preiszugeben, oder auch Torschlusspanik verursacht ihnen so viel Unsicherheit und Verwirrung, dass sich die merkwürdigsten und widersprüchlichsten Begegnungen ergeben können. Begegnungen, bei denen man sich unter Umständen fragt, ob man sich im falschen Film befindet. Bitte beweisen Sie in solchen Fällen Sozialkompetenz. Bedenken Sie: Genauso, wie Ihnen jemand merkwürdig vorkommen kann, werden Sie auf andere, die völlig anders ticken, als Sie selbst, auch merkwürdig wirken. Wir alle können nur so denken, handeln, fühlen und sein, wie wir nun einmal sind. Mich wundert es auch überhaupt nicht, dass im seriösen Online-Dating so viele User auf eine Weise kommunizieren, die der ganzen Sache nur wenig dienlich ist. Denn, wenn man einmal im Internet nach Anleitungen sucht, wie man sich beim Online-Dating am besten verhalten soll, stößt man mitunter auf Empfehlungen, die, zumindest ich persönlich, für fragwürdig halte. Häufig wird darin nämlich genau das empfohlen, wovon ich Ihnen in diesem Buch dringend abrate. Da heißt es beispielsweise, man solle durch alle möglichen kleinen Schummeleien seinen Marktwert erhöhen; man müsse wissen, worauf Männer und Frauen abfahren und entsprechend massentauglich agieren; es sei wichtig witzig und schlagfertig zu sein; möglichst gut und intensiv flirten zu können und vieles mehr. Genau auf diese Menschen, die das gelesen haben und versuchen, sich daran zu halten, und die vielleicht schon alles Mögliche ausprobiert und erlebt haben, werden Sie bei Ihrer Online-Suche stoßen. Sie werden sicher mit zahlreichen Menschen kommunizieren, die sich erst einmal nicht so zeigen, wie sie wirklich sind, sondern so, wie es Ihnen empfohlen wurde, und so, wie ihre jeweiligen Ängste und Unsicherheiten es zulassen. Wenn es darum geht, flüchtige Sexkontakte oder Ähnliches zustande zu bringen, mögen all diese Empfehlungen sinnvoll sein. Für die Suche nach einer seriösen Beziehung halte ich diese Vorgehensweisen jedoch für äußerst uneffektiv, fragwürdig und sogar für eine Gefahr für die Psyche und die Seele der Suchenden. Lange Rede kurzer Sinn: Sehen Sie es anderen nach, wenn diese sich nicht so verhalten, wie Sie es sich wünschen oder wie es der ganzen Sache dienlich wäre. Laden Sie daher andere von Anfang an dazu ein, sich Ihnen genauso offen und ehrlich zeigen zu dürfen, wie Sie selbst es auch tun. Erklären Sie, warum Sie dies für sinnvoll und wichtig erachten. Geben Sie dem anderen zu verstehen, dass Sie es in Ordnung fänden, falls dieser in seinem Profil kleine Schummeleien eingebaut haben sollte. Signalisieren Sie ihm, dass Sie die Gründe dafür nachvollziehen können. Kommunizieren Sie dann, dass er diese Schummeleien Ihnen gegenüber ruhig aufdecken darf, dass Sie sich nicht deswegen aufregen werden oder ihn gar dafür verurteilen. Schaffen Sie sich beiden eine Grundlage, von der aus beide offen und ehrlich weiterkommunizieren können. Eine Basis, wo sich jeder zeigen darf, wie er ist und wo es nicht darum geht, möglichst gut dazustehen. Wenn sich die Kommunikation in irgendeiner Form als schwierig, merkwürdig, unpassend oder rätselhaft herausstellt, verabschieden Sie sich freundlich und wenden Sie sich anderen Usern zu. Es ist unmöglich, zu jedem Interessenten einen Draht zu bekommen oder mit allen Anfragenden eine solide Kommunikationsebene zu finden, auf der man sich gemeinsam austauschen kann. Das ist unvermeidbar und liegt an der Unterschiedlichkeit jener, die sich online begegnen. Niemand ist deswegen negativ zu bewerten. Weder Sie, noch ein anderer. Bedenken Sie auch: wer das Online-Dating schon etwas länger betreibt, hat sich unter Umständen schon häufiger mit anderen Usern ausgetauscht und sogar persönlich getroffen. Es kann also gut sein, dass Sie mit jemandem Kontakt kriegen, der sich bereits mit anderen Personen persönlich getroffen hat. Vielleicht hat die betreffende Person also bereits ein paar Eisen im Feuer. Eventuell konnte sie noch nicht klären, ob aus einer Begegnung mehr werden könnte. Auch Ihnen kann es theoretisch so ergehen, dass Sie sich mit jemandem treffen, den Sie interessant finden, aber noch nicht wissen, ob und wie es weitergeht. Auch Sie können also in die Situation geraten, mehrgleisig im Online-Dating unterwegs zu sein. Sehen Sie das bitte nicht als verwerflich an. Das gehört einfach dazu. Solange Sie nicht die Person gefunden haben, in die Sie sich verlieben und für die Sie sich entscheiden, gestatten Sie bitte anderen und sich selbst, die Augen offen halten zu dürfen. Gestatten Sie anderen, ehrlich zu Ihnen sein zu können. Aufgrund der Tatsache, dass jeder User, genauso wie Sie selbst, mit mehreren Personen gleichzeitig in Kontakt sein kann, kommt es auch nicht selten vor, dass Kontakte abrupt ein Ende finden. Jemand, mit dem Sie sich vielleicht eine Zeit lang recht nett ausgetauscht haben, meldet sich auf einmal nicht mehr bei Ihnen oder Ähnliches. Vielleicht hat der andere einen Partner bzw. eine Partnerin gefunden oder die Flinte ins Korn geworfen oder, oder, oder … Nehmen Sie das nicht persönlich. Akzeptieren Sie so etwas. Es gehört einfach dazu. Es mag Ihnen rücksichtslos oder unsozial vorkommen, aber machen Sie sich bewusst, dass solches Verhalten kaum zu vermeiden ist. Verstehen Sie so etwas nicht falsch. Lassen Sie es zu, dass Online-Dating nicht ohne eine gewisse Unverbindlichkeit funktioniert. Alles, was an Ärgernissen und unerfreulichen Begebenheiten auftreten kann, ist niemals so hart gemeint, wie es sich im ersten Moment anfühlen kann. Bleiben Sie heiter. Beweisen Sie Sozialkompetenz und erlauben Sie anderen, so zu sein, wie diese nun einmal sind. Wenn Sie bei solchen Dingen den Fehler machen, diese negativ zu bewerten und das Verhalten der anderen verurteilen, werden Sie bald enttäuscht die Online-Suche nach der großen Liebe aufgeben. Daher an dieser Stelle nochmals meine dringende Bitte: Beweisen Sie Sozialkompetenz und haben Sie Verständnis dafür, dass sich beim Online-Dating nicht jeder so verhalten kann, dass alle glücklich dabei werden. Auch Sie können das nicht! Ziehen Sie nicht die falschen Schlüsse aus unerfreulichen Ereignissen. Diese richten sich nicht bewusst gegen Sie, sondern ergeben sich ganz automatisch aufgrund vielerlei Faktoren. Ich glaube wirklich, eine der größten Herausforderungen beim Online-Dating ist es, sich durch solche unerfreulichen Dinge nicht entmutigen zulassen und jeweils nicht die falschen Schlüsse daraus zu ziehen. Solange Sie sich nicht entmutigen lassen, würde ich das als Zeichen hoher Sozialkompetenz und psychischer Reife werten. Sie sind in der Lage, die Menschen und die Dinge so zu nehmen, wie sie sind. Sie verstehen, dass jeder am Online-Dating Beteiligte nur nach eigener Fasson versuchen kann, den eigenen Bedürfnissen gerecht zu werden. Jeder hat seine eigenen Bedürfnisse und verfolgt die eigenen Ziele. Gerade in Belangen zwischen-menschlicher Kommunikation – insbesondere im Umgang mit Fremden auf der Suche nach Nähe, Liebe und Zweisamkeit – fühlen sich viele Menschen zudem hoffnungslos überfordert, angemessen und in jeder Hinsicht kompetent zu agieren. Seien Sie also bereit, all diesen Menschen vorurteilsfrei zu begegnen. All jene sind – genauso, wie Sie selbst auch – auf der Suche nach Verständnis, Zuneigung und Liebe. Jeder auf seine eigene Art, mit eigenen Vorstellungen, eigenen Fähigkeiten und eigenen Unfähigkeiten.

Auf Gefühle von Nähe und Zweisamkeit lassen Sie sich bitte frühestens dann ein, wenn die erste natürliche Begegnung stattgefunden hat. Vorab seien Sie sich bitte darüber bewusst, dass jegliche Gefühle emotionaler Anziehung zu einem sehr hohen Anteil aus unzureichenden Eindrücken und Wunschdenken hervorgehen. Unser Verstand und unser Gefühl können virtuell erlebte Eindrücke und reale Erlebnisse nicht wirklich auseinanderhalten. Gehen Sie also diesen Verwechslungen bitte nicht auf den Leim. Lassen Sie sich, solange Sie noch auf On-line-Ebene kommunizieren, nicht auf allzu viel emotionale Nähe ein. Raspeln Sie kein Süßholz! Auch wenn noch so viel dafür sprechen sollte, dass die Person, mit der Sie sich schon eine Weile online austauschen, der oder die Richtige sein könnte, geben Sie sich bitte keiner übersteigerten Vorfreude hin. Träumen Sie sich nichts herbei. Warten Sie möglichst nüchtern und aufgeklärt ab, bis zu Ihrem ersten persönlichen Treffen. Dann sehen Sie weiter.

So agieren Sie in der natürlichen Realität:

- Sobald Sie in der virtuellen Welt für sich geklärt haben, wer potenziell zu Ihnen passen könnte bzw. wer Sie näher interessiert, führen Sie den Kontakt zunächst einmal telefonisch fort. Telefonieren Sie ein-, zweimal miteinander und klären Sie für sich, ob die Sympathie und das Interesse auch beim Miteinander-Reden noch bestehen bleibt. Wie fühlt es sich für Sie an?

- Wenn nach dem telefonischen Austausch noch immer das Interesse besteht, sich persönlich kennenzulernen, verabreden Sie ein Treffen. Verabreden Sie sich in einem Café oder auf anderem, „sicheren" Terrain. Verplanen Sie nicht gleich einen ganzen Nach-mittag oder ganzen Abend. Eine Verabre-dung in einem Café oder zu einem gemein-samen Spaziergang in der Stadt bietet die Möglichkeit, solange beisammen zu sein, wie man möchte. Man kann nach zehn Mi-nuten wieder gehen, oder wenn es sich ergibt und gut anfühlt, auch länger beisam-men sein. Auf gar keinen Fall treffen Sie sich gleich bei Ihnen oder Ihrem Dating-Partner zu Hause. Das können Sie machen, wenn Sie ein Sexabenteuer suchen, aber nicht, wenn Sie jemanden für eine feste Be-ziehung gewinnen möchten. Egal, was ein anderer Ihnen auch erzählt, lassen Sie sich diesbezüglich auf nichts ein.

- Sehen Sie in diesem ersten persönlichen Treffen nicht mehr als eine Chance, einem interessanten Menschen begegnen zu kön-nen. Gehen Sie mit dem Gedanken zu die-ser Verabredung, dass es nicht um mehr geht, als sich einmal mit einem netten Men-schen auszutauschen. Treffen Sie sich nicht mit der Erwartung oder gar dem dringen-den Wunsch, dass der Mensch, dem Sie be-gegnen werden, hoffentlich der/die richtige sein wird. Es gibt weder einen Grund nervös zu sein, noch steht irgendetwas auf dem Spiel. Sehen Sie das Treffen so an, als sei es ein zufälliges, ganz natürliches Aufeinandertreffen. Sie verbringen mit einem netten Menschen ein wenig Zeit. Um mehr geht es nicht. Einen passenden Partner/eine passende Partnerin kann man nun einmal nicht erzwingen. Es müssen erst viele Dinge zusammenkommen, damit sich Zuneigung und Anziehungskraft einstellen und daraus Freundschaft und Liebe erwachsen kann.

- Falls Sie bei Ihrem ersten persönlichen Treffen einem Menschen begegnen, den Sie wiedersehen möchten, verabreden Sie sich erneut. Schauen Sie, was sich entwickeln wird.

- Falls Sie bei Ihrem ersten persönlichen Treffen feststellen, dass von Ihrer Seite oder aber von Seiten Ihres Dating-Partners aus, kein weiteres Interesse besteht, kommunizieren Sie dies bitte möglichst unmissverständlich und betrachten Sie das ganze bitte nicht als verschwendete Zeit. Würdigen Sie es, dass sich eine Gelegenheit ergab, sich mit einem anderen Menschen treffen zu können. Es gehört einfach zu Ihrer Suche dazu. Ziehen Sie auch bitte die richtigen Schlüsse aus solchen Situationen. Menschen sind nun einmal sehr verschieden. Von 50 Personen passen vielleicht nur drei, zwei, eine oder gar keine wirklich zu Ihnen. Es ist daher ganz natürlich, dass aus sehr vielen Kontakten keine Liebe oder Partnerschaft entstehen wird – auch dann nicht, wenn Sie sich zuvor über Internet und Telefon ausgiebig ausgetauscht haben und bereits einen gewissen Eindruck gewinnen konnten. Aus solchen Begebenheiten zu schließen, man sei nicht interessant oder attraktiv genug bzw. zu der Erkenntnis zu kommen, alle Online-Dating-User seien Blender, Nieten oder Vollidioten, ist in jedem Fall ein Trugschluss. Es liegt einzig und allein daran, dass Menschen unterschiedliche Vorstellungen, Erwartungen, Wünsche, Ziele, Fähigkeiten, Vorlieben, Abneigungen etc. haben. Um jemanden zu finden, der zu einem passt, und bei dem sich Liebe entwickeln kann, braucht es unter Umständen eine ganze Weile. Wer meint, nach einigen wenigen Treffen bereits die Flinte ins Korn werfen zu müssen, dem ist vermutlich nicht bewusst, wie normal und selbstverständlich es ist, dass man Liebe nicht erzwingen kann. Sehen Sie es einmal so: Setzen Sie sich einmal in einer gut belebten Fußgängerzone in ein Café und beobachten Sie die Menschen, die an Ihnen vorbeigehen. Was glauben Sie, wie viele von etwa 1000 vorbeilaufenden Personen, die das passende Geschlecht hätten, könnten Ihnen gefallen? Und wie viele von denen, würden dann, wenn Sie sie kennenlernen dürften, noch immer interessant für Sie sein? Und wie viele von denen, die dann immer noch interessant wären, würden sich umgekehrt auch für Sie interessieren? Sie werden sicher erkennen, dass es etwas dauern kann, bis zwei Menschen sich begegnen, zwischen denen so viel stimmt, dass daraus mehr entstehen kann. Suchen Sie also auf eine konsequente, wenig emotional belastende Weise solange beharrlich weiter, bis Sie dem Menschen begegnen, der zu Ihnen passt. Wenn Sie mit der richtigen Einstellung vorgehen, belastet Sie Ihre Suche so wenig, wie möglich. Natürlich kann es zu Begegnungen kommen, die nicht erfreulich sind, beispielsweise, wenn Sie sich für jemanden interessieren, der an Ihnen kein Interesse hat. Jemandem einen Korb geben zu müssen, der sich unsterblich in Sie verliebt hat, fühlt sich ebenso wenig gut an. Nehmen Sie solche Erlebnisse hin. Diese gehören dazu und bedeuten weder, dass einer von beiden zu wenig interessant, noch zu wenig attraktiv ist. Unerwiderte Liebe kennt jeder. Wir alle haben im Laufe unseres Lebens immer wieder damit zu tun. Es ist ganz normal! Die Chemie muss halt einfach auf beiden Seiten stimmen. Da nützt es auch nichts, wenn beide ansonsten die gleichen Interessen und Charaktereigenschaften haben. Niemand kann etwas dafür, wenn er sich von einem anderen nicht angezogen fühlt. Ein anderes Mal werden Sie mehr Glück haben.

Gedanken über Sexualität:
Das häufigste Problem, von dem mir meine Klienten immer wieder berichten, ist, dass ihre eigenen Vorstellungen von Sexualität nicht zu den Vorstellungen ihrer Dating-Partner passen. Dabei geht es nicht immer nur um sexuelle Vorlieben, sondern häufig auch darum, dass Sexualität für einen selbst einen ganz anderen Stellenwert hat, als für viele andere. Reifere Frauen ab einem Alter von Mitte vierzig haben

beispielsweise oft eher Interesse an romantischer Nähe und Zweisamkeit, als an wildem Sex. Männer, die etwa im gleichen Alter oder älter sind, interessieren sich hingegen viel mehr für Sex. Selbst wenn Frauen ein stärkeres Interesse an Sex zeigen, stellen sie sich häufig nicht vor, diesen täglich haben zu wollen. Bei Männern ist die sexuelle Lust hingegen oft so groß, dass sie davon träumen, diesen täglich zu bekommen. Manchen Männern ist einmal täglich sogar noch zu wenig. Das Problem, dass der eine mehr Lust hat, als der andere, ist natürlich kein Online-Dating-Problem. Viele Beziehungen leiden an dieser Problematik. Meine Klienten berichten mir immer wieder davon. Auch sind es nicht immer nur die Frauen, die weniger Lust empfinden, als die Männer, es kann auch genau andersherum sein. Was mir dabei sehr oft auffällt, ist, dass beide Beteiligten in dieser Hinsicht kaum Verständnis für den jeweils anderen aufbringen können. Männer fühlen sich beispielsweise durch Frauen, die zu wenig Lust empfinden, verschmäht und ungeliebt. Die Frauen, die weniger Lust verspüren, als ihre Männer, haben den Eindruck, als interessierten sich ihre Männer im Grunde gar nicht für sie, sondern nur für den Sex, den diese mit ihnen haben wollen. In Fällen, wo die Frauen mehr

Lust auf Sex haben, als die beteiligten Männer, oder natürlich auch bei gleichgeschlechtlichen Paaren, ist dies ganz genauso.

Welche Bedürfnisse wir haben, z.B. für was wir uns interessieren, wofür wir uns begeistern können, von welchem Typ oder welchem Geschlecht wir uns angezogen fühlen oder wie viel sexuelle Lust wir empfinden oder nicht, können wir uns nicht aussuchen. Wir alle können nur so denken, fühlen und handeln, wie es uns möglich und gegeben ist. Menschen, die wenig Lust auf Sex haben, halten sich häufig für besonders charakterstark. Sie glauben, Menschen, die viel Lust auf Sex oder sogar sehr viel Lust auf Sex haben, seien unseriös, unsensibel, unmoralisch und charakterlich schwach. Dabei ist die sexuelle Lust weder von unserem Willen, noch von unserem Charakter abhängig, sondern viel mehr z.B. davon, in welchem Maße unser Körper Sexualhormone produziert. Männer mit einem niedrigen Testosteronspiegel verspüren weniger bzw. seltener sexuelle Lust. Männer mit höheren Werten haben einen stärkeren sexuellen Drang. Bei Frauen ist es ähnlich. Hier spielt der Östrogenhaushalt eine wesentliche Rolle. Der Sexualtrieb ist nun einmal von Natur aus eine sehr starke Kraft. Ist der Sexualhormonhaushalt hoch, kann die sexuelle Kraft sogar stärker sein, als die Kraft der Vernunft. Wie viele Hormone unser Körper produziert, können wir uns jedoch nicht aussuchen. Darum halte ich es für wichtig, sich darüber im Klaren zu sein, dass jeder nur so sein kann, wie er nun einmal ist. Weder zu viel, noch zu wenig Lust auf Sex zu haben, ist in irgendeiner Form negativ zu bewerten. Die Bedürfnisse von zwei Menschen müssen halt einfach nur zusammenpassen. Denken Sie daher bitte nicht schlecht über jene, die Ihren Vorstellungen nicht entsprechen. Beweisen Sie Sozialkompetenz und verstehen Sie, warum andere anders denken, fühlen und handeln, als Sie selbst. Gerade wenn man sexuell nicht zueinander passt, führt das in der Regel schnell zu größeren Beziehungsproblemen. Klären Sie daher mit anderen Ihre Vorstellungen, Erwartungen und Bedürfnisse, aber bewerten Sie die Menschen, die Ihren Wünschen nicht entsprechen, nicht. Respektieren Sie, dass jeder eigene Vorstellungen und Bedürfnisse hat. Suchen Sie solange weiter, bis Sie jemanden finden, der zu Ihnen passt.

Über die eigenen sexuellen Bedürfnisse und Vorlieben zu sprechen, fällt nicht jedem leicht.

Wer hierüber nicht im Vorfeld sprechen möchte, kann es natürlich auch darauf ankommen lassen. Spätestens nachdem Sie mit jemandem sexuell aktiv waren, werden Sie feststellen, ob Ihr potenzieller Beziehungspartner auch sexuell zu Ihnen passen könnte. Wenn es sexuell einfach nicht passt, sollten Sie spätestens dann darüber reden.

Menschen sind individuell verschieden:

Um mit der richtigen Haltung und Einstellung Online-Dating betreiben zu können, halte ich es für erforderlich, sich über die Verschiedenheiten der Menschen bewusst zu sein, und jeden als gleichwertig zu betrachten. Nur wenige Menschen, denen Sie begegnen können, ganz gleich ob beim Online-Dating oder im ganz normalen Leben, passen als Partnerin bzw. Partner wirklich gut zu Ihnen. Sie werden also im Laufe Ihrer Online-Aktivitäten wahrscheinlich mit vielen Personen Kontakt haben, die nicht zu Ihnen passen. Respektieren Sie das. Sehen Sie es als selbstverständlich an, dass die Suche nach einer passenden Partnerin/einem passenden Partner in der Regel Zeit braucht. Nutzen Sie Online-Dating vorrangig dazu, für sich klären zu können, wer, von all jenen, mit denen Sie Kontakt haben werden, zu Ihnen passen könnte und wer nicht. Nutzen Sie es bitte nicht dazu, um sich am PC, Laptop oder Telefon romantischen, zärtlichen oder gar verliebten Gefühlen hinzugeben. Gerade Personen, die sehr einsam sind und sich sehr stark nach liebevoller Zweisamkeit sehen, sind sehr anfällig dafür, wenn andere User ihnen Aufmerksamkeit schenken, Komplimente machen oder Ähnliches. Es mag verlockend sein, in solchen Fällen Gefühle von Nähe und Vertrautheit zuzulassen und sich dabei den eigenen Wunschträumen und Hoffnungen hinzugeben. Natürlich dürfen und sollen Sie Ihre Wünsche und Hoffnungen haben, aber bitte seien Sie sich immer darüber bewusst, dass virtuell gesammelte Eindrücke nur zu einem Bruchteil der Realität entsprechen. Virtuelle Eindrücke basieren immer auf viel weniger Information, als Eindrücke, die im realen persönlichen Kontakt erfahrbar sind. Virtuelle Kommunikation ist immer unvollständig. Sie ist ein Bild aus Hervorhebungen, Auslassungen und Verzerrungen. Auch derjenige, der Ihnen online die liebevolle Zuwendung schenkt, die Sie sich vielleicht schon so lange wünschen, kann im Grunde gar nicht wissen, ob er Ihnen diese Aufmerksamkeit auch geschenkt hätte, wenn er

Ihnen anstatt in der virtuellen Realität, im ganz normalen Leben begegnet wäre. Daher hier nochmals mein eindringlicher Appell: Wenn Sie Online-Dating nicht mit einer etwas nüchternen, aufgeklärten Herangehensweise betreiben, laufen Sie Gefahr, sich psychisch und seelisch zu verletzen. Leben Sie Liebe nicht online, sondern leben Sie sie offline – leben Sie sie in der natürlichen Begegnung.

Vorteile des Online-Datings:

- Menschen, denen sich im Alltag nur wenige Gelegenheiten bieten, andere kennenzulernen, weil Sie sich z.B. kaum in Gesellschaft begeben, oder Menschen, die wenig Erfahrung im Flirten haben bzw. etwas kontaktscheu sind, können mit Online-Dating, schnell, unkompliziert und zahlreich mit anderen Menschen in Kontakt treten.

- Es wird möglich, andere Menschen kennenzulernen, die man ansonsten nicht kennenlernen könnte, beispielsweise, weil diese kaum ausgehen, in einer anderen Stadt wohnen etc.

- Es wird möglich, in relativ kurzer Zeit relativ viele Personen kennenzulernen, mit ihnen in Kontakt zu treten und sich mit ihnen auszutauschen.

- Bevor man überhaupt miteinander in Kontakt tritt, kann man bereits abchecken, ob jemand potenziell interessant sein könnte oder nicht.

- Man kann gezielt nach Menschen suchen, die bestimmte Kriterien erfüllen.

- Man kann gezielt Menschen nicht kontaktieren, die bestimmte Kriterien nicht erfüllen.

Nachteile des Online-Datings:

- Nicht jeder ist für Online-Dating zu begeistern. Man kann also nicht jeden dort kennenlernen. Jedoch: in einer Disco, im Theater oder sonst wo, kann man ebenso wenig jeden kennenlernen.

- Mit einer wenig zum jeweiligen Online-Portal passenden Vorgehensweise, und einem wenig bewussten Umgang damit, kann On-line-Dating auch viel Frust, Enttäuschung und Seelenleid bescheren.

- Positiv empfundene Emotionen, wie beispielsweise tiefe Verbundenheit, Zuneigung, Liebe etc. die sich während der virtuellen Kommunikation entwickeln, basieren immer nur auf gefilterten, geschönten, unzureichenden Informationen. Sie haben nur selten auch in der Realität noch Bestand.

- Vorsicht kann mitunter auch geboten sein. Es ist daher immer ratsam mit einer gewissen, gesunden Skepsis zu agieren. Wer sich aufgrund von virtueller Kommunikation verliebt oder zumindest in irgendeiner Form emotional einwickeln lässt, läuft Gefahr, Opfer eines kleinen Schummlers, eines Blenders oder gar eines gemeinen Betrügers zu werden. Sie haben sicher schon von Trickbetrügern gehört, die einsamen Frauen die große Liebe vorgaukeln und die es dann beispielsweise schaffen, sich von ihren gutgläubigen Opfern Geld schicken zu lassen oder Ähnliches. Dabei kommt es jedoch auch immer sehr darauf an, ob User auf den entsprechenden Portalen anonym

agieren können oder ob sie sich bei der An-
meldung legitimieren müssen. Ferner laufen
Sie bei virtuell erzeugten Emotionen immer
Gefahr, eine Enttäuschung zu erleben.

Übernehmen Sie Verantwortung:
Sorgen Sie mit einer bewussten, aufgeklärten
Vorgehensweise dafür, dass Sie die Vorteile des
Online-Datings möglichst voll ausschöpfen
und die Nachteile minimieren.

SO GEHEN SIE AM BESTEN VOR:

Die nachfolgenden Aufzeichnungen sollen
Ihnen dabei helfen, mit der richtigen Einstellung, der passenden Herangehensweise und
den für die Suche geeigneten personenbezogenen Informationen im seriösen Online-Dating
erfolgreich zu kommunizieren.

**Klären Sie, welches Online-Portal für Sie
das interessanteste ist:**
• Welche Partnervermittlung passt zu Ihren
  Wünschen und Anforderungen?

- Welchen Preis können Sie monatlich schmerzfrei bezahlen? Zahlen Sie keinen Betrag, mit dem Sie sich unter Druck setzen. Die Suche nach einem passenden Partner/einer passenden Partnerin braucht so viel Zeit, wie es nun einmal braucht. Mit Druck produzieren Sie sich nur Frust und erreichen zudem gar nichts! Gehen Sie nicht davon aus, dass Ihre Suche nur wenige Tage oder Wochen dauern wird. Vielleicht geht es schnell, vielleicht dauert es länger. Nehmen Sie das hin. Sehen Sie es als ganz natürlich und selbstverständlich an.

- Melden Sie sich beim Online-Portal Ihrer Wahl an.

- Verwenden Sie einen aussagefähigen Nickname/Username! Finden Sie etwas, das zu Ihnen passt und das nicht zu Missverständnissen führt. Für die seriöse Suche nach einer festen Beziehung wären Nutzernamen wie etwa Schlampe-21, oder Rammler201 sicher nicht geeignet. Vermutlich selbst dann nicht, wenn Sex für Sie in der Beziehung extrem wichtig sein sollte. Sie können auch einfach Ihren Vornamen im vorderen

Teil Ihres Usernamens verwenden. Beispielsweise Mona1964 oder Christian1971. So sieht auch jeder gleich, wie alt Sie sind.

- Gestalten Sie ein aussagekräftiges, authentisches Profil. Zeigen Sie sich von Ihrer besten Seite. Machen Sie einen guten Eindruck. Erfinden Sie aber nichts. Verwenden Sie ein natürliches Foto von sich, das zeigt, wer Sie sind. Ihr Profil ist Ihre Visitenkarte. Geben Sie klare, stimmige Informationen. Verzichten Sie auf verallgemeinernde, verschleiernde Informationen, wie etwa „vielseitig interessiert", „für alles offen" etc. Werden Sie konkret. Wenn Sie derartige Informationen trotzdem in Ihr Profil stellen wollen, umschreiben Sie diese wenigstens etwas genauer: „vielseitig interessiert beispielsweise an Sport, Tanzen, Kunst, Natur, XYZ."

- Schauen Sie sich ein wenig auf dem Portal um, damit Sie alle Funktionen kennenlernen und entsprechend damit umgehen können. Lesen Sie die Nutzungsbedingungen. Dating-Portale haben bestimmte Anforderungen an den gemeinsamen Umgang und Sprachgebrauch. Wenn Sie sich nicht an die gewünschten Gepflogenheiten halten, kann

Ihr Account von einem verantwortlichen Administrator gesperrt werden.

- Kommunizieren Sie verständlich und so, dass das, was Sie mitteilen, nicht missverstanden werden kann. Bedenken Sie, dass jeder Mensch eine andere Auffassungsgabe besitzt. Nicht jeder hat den gleichen Humor, das gleiche Verständnis von diesem und jenem. Seien Sie beispielsweise vorsichtig mit politischen oder ironischen Anmerkungen, Sprüchen, die witzig klingen sollen, oder, oder, oder … Kommunizieren Sie achtsam auf gleicher Augenhöhe. Schreiben Sie keine Romane. Niemand interessiert sich zu Beginn gleich für Ihre gesamte Biographie.

Klären Sie für sich, was Sie wollen:

- Was ist Ihre Vorstellung von einer Beziehung? Wovon träumen Sie? Wonach sehnen Sie sich? Welche grundlegenden Bedingungen gründen die Basis für die Beziehung, die Sie sich vorstellen? etc.

- Was für einen Menschen suchen Sie? Machen Sie sich Gedanken, welche Kriterien beispielsweise Alter, Aussehen, Interessen etc. für Sie Bedeutung haben! Überlegen Sie auch, welche Eigenschaften, Gewohnheiten, Interessen etc. der Mensch, den Sie suchen, auf gar keinen Fall haben sollte?

- Welche Vorstellungen haben Sie ansonsten von dem Menschen, den Sie suchen?

Klären Sie für sich, wer Sie sind:

- Wie alt sind Sie und wie alt fühlen Sie sich? Wie würden Sie sich ansonsten rein optisch beschreiben?

- Was für ein Typ Mensch sind Sie? Also, was sind Ihre Stärken, Schwächen, Interessen, Bedürfnisse, Charakterzüge, Besonderheiten, Freizeitaktivitäten, Hobbies, sonstigen Merkmale!

Klären Sie für sich, welche Rolle Sexualität in einer Beziehung für Sie spielt:

- Welchen Raum nimmt Ihre Sexualität ein? Welche Art von Sexualität möchten Sie leben?

Teilen Sie anderen mit, wer Sie sind; was Sie wollen und suchen; welche Rolle Sex für Sie spielt. Wägen Sie selbst ab, welche diesbezüglichen Informationen Sie von vornherein in Ihrem Online-Profil unterbringen möchten und welche Sie erst im Verlauf des gemeinsamen Kommunizierens ansprechen wollen. Klären Sie wenigstens das Grundlegendste, bevor Sie sich zum ersten Mal persönlich irgendwo treffen.

Entscheiden Sie sich bewusst für die passende Vorgehensweise bei Ihren Online-Aktivitäten:

- Verabreden Sie mit sich selbst, dass Sie das Online-Dating nur als reines, zwangloses, effektives, sachliches Hilfsmittel zur Vorbereitung von natürlichen Treffen betrachten möchten!

- Machen Sie sich bewusst, dass aufkommende Emotionen, die auf virtuellen Begegnungen basieren, immer nur aus unzureichenden Informationen resultieren. Gehen Sie also bei der Online-Partnersuche entsprechend nüchtern vor. Nutzen Sie die

Online-Suche wirklich nur dazu, herauszu-finden, mit welchen Personen es sich loh-nen könnte, sich einmal zwanglos persön-lich zu treffen. Das heißt natürlich nicht, dass Sie mit Ihren Dating-Partnern umge-hen sollen, wie mit Geschäftspartnern. Selbstverständlich dürfen Sie herzlich, freundlich, zugewandt und Ihrer Persön-lichkeit gemäß kommunizieren. Es geht nur darum, nichts zu kommunizieren, das ein Gefühl von virtueller Verliebtheit bei Ihnen oder beim anderen erzeugen könnte. Ver-zichten Sie auf Süßholzgeraspel, liebevolle Anreden, wie beispielsweise „meine Liebste/mein Liebster", „meine Schöne/mein Schöner", oder „mein Schatzi", sparen Sie sich solche oder ähnli-che Intimitäten für das natürliche, persönli-che Treffen auf, denn dann erleben Sie we-der eine wirkliche Enttäuschung, noch kommen Sie sich auf einmal blöde vor, wenn Sie feststellen sollten, dass Ihr „Schatzi" Ihnen im wahren Leben gar nicht zusagt.

Einladung zu Offenheit und Ehrlichkeit:

Wie weiter oben auf den Seiten 34 und 37 bereits erwähnt, laden Sie andere möglichst bald dazu ein, sich Ihnen genauso offen und ehrlich zu zeigen, wie Sie selbst es auch tun. Je nachdem, mit wem Sie gerade in Kontakt treten und wie die Gegebenheiten sind, kann dies ein wenig Fingerspitzengefühl erfordern. Seien Sie also achtsam, wann und vor allem wie Sie dies am besten kommunizieren können. Gehen Sie dabei bitte sehr behutsam, vorwurfs- und vorurteilsfrei vor. Verzeihen Sie anderen, wenn diese durch kleine Schummeleien versucht haben sollten, sich in ein etwas besseres Licht zu rücken. Vermutlich wurde ihnen nämlich genau das an anderer Stelle empfohlen. Diese kleinen Schummeleien basieren zudem in der Regel auf den Unsicherheiten und Ängsten der jeweiligen User. Viele gehen irrtümlich davon aus, sie könnten niemanden für sich gewinnen, wenn sie sich so zeigen, wie sie wirklich sind. Das Dumme dabei ist nur, dass das Interesse derjenigen, die sich tatsächlich für sie interessieren könnten, auf diese Weise erst gar nicht geweckt wird.

Ralf Hillmann
im Juni 2017

ÜBER DEN AUTOR:

Ralf Hillmann wurde 1965 in Kassel geboren. Nach einem gesundheitlichen Zusammenbruch im Jahr 2007 startete er bald mit neuen Prioritäten und neuem Bewusstsein als Autor, Psychologischer Berater und Coach erfolgreich in die berufliche Selbstständigkeit. Seither lädt er mit seinen Selbsthilferatgebern und Kurzgeschichten andere Menschen dazu ein, mehr Bewusstheit, Achtsamkeit und Lebensfreude zu entwickeln, sowie einen eigenen, selbstbestimmten, authentischen Weg zu gehen. Mit seinem im Mai 2017 erschienenen Buch **„bewusster miteinander reden"**, gibt er einen alltagstauglichen, leichtverständlichen Ratgeber heraus, den er für alle, die an zwischenmenschlicher Kommunikation interessiert sind, aber deswegen nicht gleich die Tiefen der Psychologie studieren möchten, entwickelt und geschrieben hat. Einen Monat später, im Juni 2017, erscheint sein Buch **„Online-Dating: Der kleine psychologische Ratgeber für die Suche nach der großen Liebe"**, ein Leitfaden für alle, die via Internet eine verlässliche Partnerschaft suchen.